گرز بالای سر برآورد و می | پیچور رستم بروز میدا نا

شاه موشان چو دید رفت ز نوش | وهم بهش رسید بر جا نا

گربه بر جست دکله گرز دستش | برگرفت وکشید بر پا نا

بر سروش کوفت گرز پیچیان | که برآمد زدرو ان جا نا

موشگان را گرفت و زد بزمین | کشد انبیا نجاک یکپا نا

THOMAS M. MEINE

Die Katze und die Maus und andere Persische Märchen

Nach dem Buch

*The Cat and the Mouse
and other Persian Fairy Tales*

von Hartwell James
aus dem Jahre 1906

Illustrationen von John R. Neil

PHILADELPHIA
HENRY ALTEMUS COMPANY

Bibliografische Information der Deutschen Nationalbibliothek

Die Deutsche Nationalbibliothek verzeichnet diese Publikation in der Deutschen Nationalbibliografie; detaillierte bibliografische Daten sind im Internet über http://dnb.dnb.de abrufbar.

Herstellung und Verlag:

BoD- Books on Demand, Norderstedt

Januar 2020

ISBN 9 783750 433441

Kapitel

Seite

EINFÜHRUNG

Die persischen Märchengeschichten im Originalbuch von 1906 wurden besonders ausgewählt und jeweils mit einem kurzen Kommentar versehen. Zusätzlich wurde die nachfolgende Einführung vorangestellt.

Persien ist reich an Volkskunde. Schon seit vielen Hunderten von Jahren erzählt man den staunenden Jungen und Mädchen im Land die Geschichten in diesem Buch, wie auch viele andere. Wenn sie diese hören, stellen sie sich ihr Heimatland als mit Rosen und Tulpen bedeckt vor, wo wunderschöne Feen an den rosaroten Morgen ihre Schlösser bauen und schwarze Gnome in mitternächtlicher Dunkelheit herumfliegen.

Sie sehen auch das Land, wo die Sonne wie ein Feuer über den blauen Bergen glüht und sich die Wasserlilien in den tiefen Seen widerspiegeln. Ein Land, wo die Augen des Tigers durch das Schilfrohr am Fluss funkeln, und dunkeläugige, sonnengebräunte Menschen, die schnell lieben und auch schnell hassen können.

Der Glaube an den 'Ghul', oder 'den alten Mann der Wüste', ist in Persien immer noch vorhanden, was die Geschichte vom 'Sohn des Seifenverkäufers' so populär macht.

Die anderen Erzählungen, die für dieses Buch ausgewählt wurden, zählen alle zu den großen Favoriten, aber die Geschichte, 'die Katze und die Maus', ist wahrscheinlich die beliebteste von allen.

Das Bild auf der Rückseite des Bucheinbands ist eine verkleinerte Kopie einer ganzen Seite aus der Geschichte 'die Katze und die Maus' in einem persischen Buch, die sowohl die Bilder und den Text zeigt, wie sie dort publiziert wurden. Die anderen Zeichnungen in diesem Kapitel stammen von einem persischen Künstler.

Zwei Freunde auf einem Teppich können zufrieden schlafen, zwei Könige in einem Königreich können niemals Frieden halten.

Während die Erde sich dreht, und kleine Kinder spielen, werden Katzen immer große Macht über die Mäuse haben.

H.J.

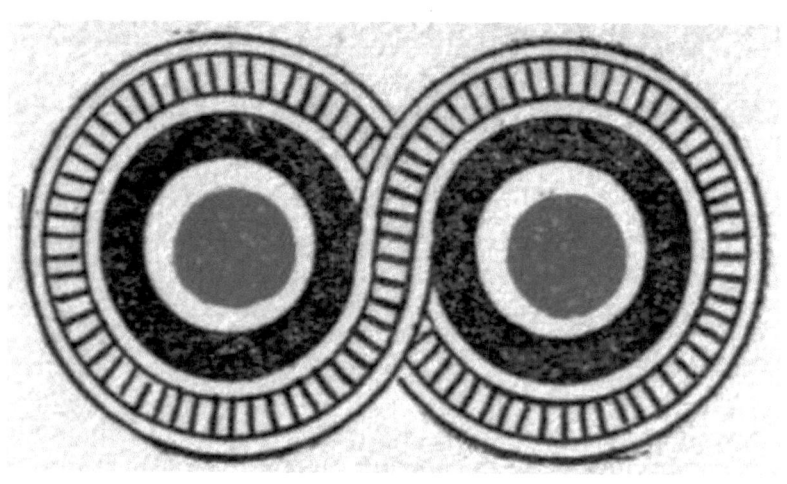

8

DIE KATZE UND DIE MAUS

 Hier zeigt sich, wie man aus dem Staunen bei der Geschichte von der Katze und der Maus nicht mehr herauskommt, wenn sie mit einer klaren und flüssigen Stimme erzählt wird, wie von einer Kanzel herunter.

Gemäß einer himmlischen Weisung lebte einmal in der persischen Stadt Kerman eine Katze, die einem Drachen glich, mit scharfen und faszinierenden Augen, und wie ein Löwe jagte. Sie hatte lange Schnurrbarthaare und spitze Zähne. Ihr Körper war wie ein Fass und ihr wundervolles Fell erschien wie das von einem Hermelin.

Niemand war glücklicher als diese Katze, weder eine frisch verheiratete Braut, noch ein gastfreundlicher Hausherr, der sich umschaut und die in lachenden Gesichter seiner Gäste blickt.

9

Die Katze bewegte sich in der Mitte ihrer Freunde – ihren lustigen Gefährten am Kochtopf, an der Tasse, bei der Milchkanne auf dem Hof, und auch auf dem Abendbrottisch, wenn das Tuch ausgebreitet war.

Als sie einst sah, dass der Weinkeller offenstand, rannte die Katze freudig hinein, um zu sehen, ob sie eine Maus fangen könnte, und versteckte sich hinter einem Weinkrug.

In diesem Moment rannte eine Maus aus einem Loch in der Wand heraus, kletterte geschwind auf den Krug, steckte ihren Kopf hinein, trank so lange und so viel, dass sie betrunken wurde und anfing, dummes Zeug zu reden, und sich gar einbildete, ein Löwe zu sein.

'Wo ist die Katze?', schrie sie, 'damit ich ihr den Kopf abreißen kann. Ich werde ihn ihr abtrennen, wie auf einem Schlachtfeld. Eine Katze hat vor mir mehr Angst als jeder Hund, der meinen Weg kreuzt.'

Als sie das hörte, knirschte die Katze vor Wut mit ihren Zähnen. Schneller als das Auge folgen konnte, sprang sie vor, fasste die Maus mit ihren Krallen, und sagte: 'Oh, kleine Maus, wirst du mir jetzt den Kopf abreißen?'

'Ich bin dein Diener', antwortete die Maus, 'verzeih meine Sünde. Ich bin dein Sklave, ein Sklave dessen Ohren Ringe tragen und auf dessen Schultern das Tragejoch lastet.'

'Erzähl weniger Lügen', antwortete die Katze. 'Hat man jemals schon so einen Lügner gesehen? Ich habe alles gehört, was du gesagt hast und für deine Sünde wirst du jetzt mit dem Leben bezahlen. Ich werde dein Leben zu weniger machen, als das von einem toten Hund. '

Also hat die Katze die Maus getötet. Danach fühlte sie sich aber sehr schlecht, und wegen dem, was sie getan hatte, rannte sie in die Moschee. Sie führte ihre Hände übers Gesicht, schüttete Wasser auf ihre Pfoten und salbte sich, wie sie es bei den Gläubigen gesehen hatte, zu den festgelegten Stunden des Gebets.

Dann sagte sie das wunderbare Kapitel im heiligen Buch der Perser auf, und machte ein Bekenntnis wie folgt:

'Ich habe bereut, ich will niemals wieder den Körper einer Maus mit meinen Zähnen zerreißen. Vergib meine Sünden, oh du großer Vergeber, denn bin ich nicht zu dir gekommen, gebeugt von Sorgen?'

12

Sie wiederholte das so oft und mit so viel Gefühl, dass man wirklich glauben konnte, sie meinte das ernst. Schließlich weinte sie noch vor Kummer.

Zufällig befand sich eine kleine Maus hinter der Kanzel. Sie hörte alles, was die Katze gesagt hatte, und brachte schnellstens die freudigen, aber doch überraschenden Neuigkeiten zu den anderen Mäusen. Atemlos erzählte sie, dass die Katze ein wahrer Muselman geworden war, und wie sie diese in der Moschee gesehen hatte, weinend und klagend, und auch das, was sie sagte:

'Oh Erschaffer der Welt, nimm mir meine Sünden, denn ich habe gefehlt, wie ein großer Dummkopf.'

Dann fuhr die Maus fort und beschrieb, dass die Katze eine Gebetskette aus Perlen hatte und fromme Sprüche aufsagte, wie ein wahrer Büßer.

Die Mäuse begannen zu feiern, als sie diese erstaunlichen Neuigkeiten hörten, denn sie waren außerordentlich erfreut. Sieben ausgewählte Mäuse erhoben sich, jeder der Anführer einer ihrer Städte, und sie dankten dafür, dass die Katze schließlich zu der Herde der wahren Gläubigen gestoßen ist.

Alle tanzten und riefen: 'Ah! Ah! Hu! Hu!'. Sie tranken roten und weißen Wein, bis sie alle ziemlich angeheitert waren. Zwei läuteten Glocken, zwei spielten mit Tanzklappern, und zwei sangen. Eine trug eine Trage auf ihrem Rücken, beladen mit feinen Sachen, sodass alle davon nehmen konnten.

Einige rauchten die Wasserpfeife, andere benahmen sich wie die Clowns, andere spielten einige Melodien auf verschiedenen Instrumenten.

Einige Tage nach dem Fest sagte der König der Mäuse zu ihnen: 'Oh, Freunde, bringt alle Geschenke, die der Katze würdig sind!'

Dann rannten die Mäuse in alle Richtungen davon, um Geschenke zu holen. Bald kehrten sie zurück, und jede von ihnen trug eine Gabe mit sich, die selbst eines Nobelmanns wert gewesen wäre.

Eine brachte eine Flasche Wein, eine zweite einen Teller voll Rosinen. Andere kamen zurück mit gesalzenen Nüssen, Melonensamen, Käsestückchen, einer Schüssel von Kandiszucker, Pistazien, kleinen Kuchen mit Zuckerguss, Flaschen mit Zitronenlimonade, indischen Umhängetüchern, Hüten, Mänteln und anderen Dingen.

Vorsichtig trugen sie ihre Geschenke zum König der Katzen. Als sie in seiner königlichen Gesellschaft waren, machten sie demütige Ehrerbietungen, berührten den Boden mit ihrer Stirn, grüßten ihn, und sagten:

'Oh, Meister, Befreier aller unserer Leben, wir haben Geschenke mitgebracht, die Eurer würdig sind. Wir bitten Eure Hoheit, diese zu akzeptieren.'

Da sagte die Katze zu sich selbst: 'Ich werde belohnt, weil ich ein frommer Muselman geworden bin. Obwohl ich viel Hunger erlitten habe, bin ich an diesem Tag frei und reichlich versorgt. Vor nicht allzulanger Zeit habe ich mein Fasten unterbrochen. Es ist offensichtlich, dass Allah besänftigt ist.'

Dann wandte sie sich an die Mäuse, bat sie näher zu kommen und nannte sie seine Freunde.

Zitternd traten sie vor. Sie waren so verängstigt, dass sie kaum bemerkten, was sie taten. Als sie nahe genug bei der Katze waren, sprang diese plötzlich auf sie drauf.

Fünf Mäuse hatte sie gefangen, jede von ihnen der König einer Stadt. Zwei mit ihren Vorderpfoten, zwei mit den hinteren und eine mit dem Maul. Die verbliebenen Mäuse entkamen knapp mit ihrem Leben.

Sie nahmen einen ihrer ermordeten Brüder mit, brachten die traurigen Nachrichten zu den anderen Mäusen und sagten: 'Warum sitzt ihr hier so ruhig herum? Streut Asche auf euer Haupt, oh ihr jungen Männer, denn die grausame Katze hat fünf unserer ahnungslosen Gefährten mit Zähnen und Klauen gefangen und sie getötet.'

Dann machten sie, was die Trauernden tun. Während einer Zeit von fünf Tagen zerrissen sie ihre Kleider und warfen Staub auf ihr Haupt. Dann sagten sie: 'Wir müssen losgehen und unserem König sagen, was den Mäusen passiert ist. Wir dürfen es nicht versäumen, ihn von diesem Unheil zu unterrichten.

Daraufhin standen alle auf und gingen in tiefer Sorge ihrer Wege. Eine schlug einen Trommelwirbel, eine läutete die Glocke, alle hatten Schals um ihren Hals, während ihnen die Tränen in kleinen Bächen an den Backenbärten herunterliefen.

Als sie beim Mäusekönig ankamen, der auf seinem Thron saß, erwiesen sie ihm die Ehre und sagten: 'Meister, wir sind Untertanen Eurer verehrten Majestät. Stellt Euch vor, die Katze hat uns grausam behandelt, nachdem sie ein frommer Anhänger von Mohammed geworden ist. Vor ihrer Verwandlung hatte sie das Verlangen, nur eine von

17

uns im Jahr zu fangen; nun aber, da sie ein wahrer Muselman ist, hat sich ihr Appetit so vergrößert, dass sie nur noch zufrieden ist, wenn sie fünf auf einmal erwischt.'

Das brachte der König in solch eine heftige Wut, dass er einem Topf glich, der überkocht. Zu den Abgesandten der Mäuse sprach er aber sehr bedächtig und nannte sie seine neu angekommenen und willkommenen Gäste. Um sie zu beruhigen, gelobte er, der Katze solch eine Züchtigung zu verpassen, dass die Nachrichten davon um die ganze Welt gehen würden.

Als er auch ihren tiefen Kummer bemerkte, ordnete er an, dass die toten Mäuse mit allem Pomp und Feierlichkeiten beerdigt werden sollten. Sie stimmten für eine Woche ein Klagegeschrei an, als wäre es für jemandem von königlichem Geblüt. Nachdem sie wohlschmeckendes Zuckerwerk zubereitet hatten, packten sie es in Körbe und trugen es mit tränenden Augen zum Grab.

Nach den Begräbnisfeierlichkeiten ordnete der König an, dass sich die Armee an einem bestimmten Tag auf der großen, sandigen Fläche versammeln sollte, die sich, so weit das Auge sehen kann, um die Stadt herum ausstreckte.

Dann wandte er sich an sie und sagte:

'Oh, Männer und Soldaten, da die Katze unsere Landsleute so grausam misshandelt hat und sie ein Ketzer und Bösewicht wurde, und brutal von Natur aus ist, müssen wir nun in die Stadt Kerman gehen und sie bekämpfen.

من تلافی گربه خواهم کرد   که شود داستان بی‌ورد ما

19

So gingen also einhundertunddreißigtausend Mäuse fort, bewaffnet mit Schwertern, Gewehren und Speeren. Die Flaggen und Lanzenwimpel flogen verwegen im Wind. Ein vorbeikommender Araber, der aus der Wüste kam und seinen Körper mithilfe eines langen Stabes geschickt auf dem Rücken eines schnell laufenden Kamels balancierte, erblickte die große, anmarschierende Armee. Er war so überwältigt vor Staunen, dass er sein Gleichgewicht verlor und herunterfiel. Einige Regimenter der Mäuse wurden durch seinen Sturz außer Gefecht gesetzt, aber das schreckte sie nicht ab, und die Armee drängte weiter voran.

Als sie bereit zum Kampf waren, wandte sich der König erneut an sie: 'Oh, junge Männer, ein Botschafter muss zur Katze geschickt werden, der fähig, diskret und redegewandt ist.' Dann riefen sie alle aus: 'Der Befehl des Königs soll ausgeführt werden. Die Last liegt auf unseren Schultern.'

Es ergab sich, dass eine gelehrte und sprachgewandte Maus anwesend war. Diese wurde vom König beauftragt, als Botschafter zur Katze in der Stadt Kerman zu gehen.

Kaum hatte der König ihren Namen ausgesprochen, sprang sie von ihrem Platz in der Aufstellung heraus und rannte so schnell davon, wie die Winde in der Wüste.

Mutig stellte sie sich vor die Katze und sagte: 'Ich bin als Botschafter des Königs der Mäuse gekommen, gebeugt von Kummer und Erschöpfung. Höre! Mein Meister hat beschlossen, in den Krieg zu ziehen, und er ist jetzt gekommen, um deinen Kopf abzutrennen.'

Die Katze dröhnte als Antwort laut heraus: 'Geh, und sag deinem König, dass er Staub fressen soll. Ich gehe nicht aus dieser Stadt heraus, es sei denn, es ist zu meinem eigenen Vergnügen!' Dann sandte er Boten hinaus, um schnell einige Kampf- und Jagdkatzen aus Chorasan herbeizurufen – dem Land der Sonne – um nach Kerman zu kommen.

Sobald die Armee der Katzen bereit war, gab ihnen der Katzenkönig den Marschbefehl und versprach, am nächsten Tag selbst zur Schlacht zu kommen.

Die Katzen kamen auf dem Rücken von Pferden heran, jede von ihnen wie ein hungriger Tiger. Die Mäuse bestiegen ebenfalls ihre Rösser, bewaffnet bis an die Zähne und kochend vor Wut. Unter den Rufen 'Allah!' Allah!', fielen die Armeen mit blanken Säbeln übereinander her.

So viele Katzen und Mäuse wurden getötet, dass es keinen Platz mehr für die Füße der Pferde gab. Die Katzen kämpften tapfer. Ihr erster Angriff trug sie durch die vorderste Linie der Mäuse, dann durch die zweite, und viele Prinzen und Häuptlinge wurden getötet. Die Mäuse glaubten schon, die Schlacht sei verloren. Sie drehten sich herum, um zu fliehen, und riefen aus:

'Weft Asche auf euer Haupt, junge Männer!'

Danach aber, als sie sich wieder versammelt hatten, stellten sie sich ihren Verfolgern und griffen den rechten Flügel der Katzen an, wobei sie ihren Schlachtruf riefen: 'Allah! Allah!'

Im dichtesten Gewühl des Kampfes verletzte eine berittene Maus den König der Katzen mit ihrem Speer, sodass er geschwächt zu Boden fiel. Bevor er sich erheben konnte, sprang die Maus auf ihn und brachte ihn als Gefangenen zum Mäusekönig. Also wurden die Katzen an diesem Tag besiegt und zogen sich mürrisch in die Stadt Kerman zurück.

Nachdem sie die Katze festgebunden hatten, schlugen sie auf sie ein, bis sie ohnmächtig wurde. Auf der Ebene hallte das Echo der Trommelschläge und der Freudenschreie. Dann setzte sich der König der Mäuse auf seinen Thron, und befahl, dass die Katze zu ihm gebracht werden sollte.

'Halunke!', sagte er zu ihr. 'Warum hast du meine Armee aufgefressen? Höre nun den König der Mäuse!'

Die Katze senkte vor Furcht ihren Kopf und blieb still. Nach ein paar Minuten sagte sie: 'Ich bin dein Diener, sogar bis in den Tod.' Daraufhin antwortete der König:

'Bringt diesen schwarzgesichtigen Hund zum Hinrichtungsplatz. Ich werde persönlich ohne Verzögerung dorthinkommen. Tötet ihn, aus Rache für meine hingeschlachteten Untertanen.

Er bestieg seinen Elefanten und seine Leibgarde marschiert stolz vor ihm her. Die Katze stand mit verbundenen Händen da und weinte bitterlich. Als er später am Hinrichtungsplatz ankam und feststellte, dass die Katze noch nicht hingerichtet worden war, sagte der König zum Henker: 'Warum ist dieser Gefangene noch am Leben? Häng ihn sofort auf!'

In diesem Moment kam ein Reiter in wildem Galopp aus der Stadt heran. Er wandte sich an den König mit den Worten: Vergebt dieser erbärmlichen Katze, sie wird uns in Zukunft nichts mehr antun.'

Der König hatte jedoch nur ein taubes Ohr für seine Bitten und befahl, die Katze sofort zu töten. Die Mäuse zögerten und waren aus Angst nicht gewillt, den Befehl auszuführen.

Das ärgerte den König natürlich sehr. 'Ihr dummen Mäuse!', schrie er. 'Ihr gebt der Katze all euer Mitleid, damit sie euch dann wieder zu ihren Opfern macht.'

Sobald aber die Katze den Reiter sah, kam ihr Mut zurück. Mit einem Satz sprang sie von ihrem Platz, wie es ein Tiger auf seine Beute macht, riss ihre Fesseln auseinander und packte fünf unglückliche Mäuse. Die anderen Mäuse, erfüllt von Bestürzung und Schrecken, rannten chaotisch umher und riefen wild:

'Allah! Allah! Erschießt sie! Schneidet ihren Kopf ab, wie es Rostam [Sagenheld in der persischen Mythologie] mit seinen Feinden am Tag der Schlacht gemacht hatte.

Als der König der Mäuse sah, was passiert war, fiel er in Ohnmacht. Daraufhin sprang die Katze auf ihn, riss ihm die Krone vom Kopf, steckte seinen Kopf in die Schlinge und hängte ihn auf, sodass er sofort starb.

Dann rannte sie herum, fing und tötete, schmiss Mäuse auf den Boden, bis die ganze Armee der Mäuse in die Flucht geschlagen und niemand mehr da war, sich ihr entgegenzustellen.

DER SOHN DES SEIFENVERKÄUFERS

 Raffiniert wird bewiesen, dass eine Prinzessin mit einer Halskette die Absichten eines Ghuls zunichtemachen kann, und dass jeder König den Besitzer eines magischen Kristallglases nahe bei sich haben sollte.

Es wohnte einmal ein armer, aber ehrenwerter Mann namens Abdullah in der Heiligen Stadt Maschhad, die Pilgerstätte, deren wundervolle Moschee mit der goldenen Kuppel die Glorie des Königreichs Persien ist. Er verkaufte Seife, konnte damit aber kaum überleben.

Den ganzen Tag über, von Sonnenaufgang bis Sonnenuntergang lief er durch die Stadt und rief aus: 'Oh, Brüder, kauft meine reine Seife. Es gibt keine bessere in der Stadt, wie jeder weiß. Selbst die kleinen Babys würden das sagen, wenn sie sprechen könnten.'

Aber trotzdem, wenn man genau hinschaute, würde man nie denken, dass es Seife wäre. Sie war schwarz und rau, und mehr wie Holz, als alles andere. Wenn ein unglücklicher Pilger sie für sein Gesicht oder die Hände benutzt hätte, würde die Haut wie Feuer brennen. Aber das passierte nicht allzu oft, da die Leute in Persien nicht so viel Seife an sich selbst benutzt haben, oder an ihrer Kleidung, und Sand eignet sich sehr gut, um Töpfe und Pfannen zu reinigen.

So gab es viele Tage, an denen der arme Abdullah nicht genug verkauft hatte, um ausreichend Brot für sich und seinen kleinen Jungen Ahmed zu besorgen.

An solchen Tagen kroch der Vater traurig in seine erbärmliche Lehmhütte, vergrub sein Gesicht in den Händen, damit er nicht sieht, wie sein Sohn die Tränen zurückhält, die der Hunger verursachte. Jedoch, der kleine, nunmehr zehn Jahre alte Bursche tröste immer wieder seinen Vater, indem er sagte:

'Inschallah' – wenn Gott will – 'wirst du morgen mehr Seife verkaufen, als du es in den vergangenen Wochen getan hast.' Und der Vater, der in das strahlende Gesicht seinen Jungen blickte, schöpfte wieder Mut und betete, dass es so kommen möge.

Aber die Tage vergingen, und alles wurde düsterer und
düsterer, bis Ahmed eines Tages in ein Abenteuer
verwickelt wurde. Er war auf seinem Weg zur Schule, und
da die Sonne sehr heiß war, suchte er Schutz unter den
großen Platanen, die das Ufer des Flusses säumten, der im
Zentrum der Hauptstraße herunterfloss.

Frauen füllten ihre Wasserkrüge oder wuschen
Kleidungstücke; eine Reihe von Kamelen trank, mehrere
Esel wälzten sich ausgelassen im Wasser, einige Färber
wrangen die neu gefärbten Gewänder aus, die den
vorbeifließenden Wellen vielen Farben gaben.

Gerade als Ahmed aufgehört hatte, hinzusehen, huschten
ein Derwisch, der einen prächtigen Löwen an der Leine
führte, und einige Läufer mit seltsamen Hüten und
Mänteln vorbei, und riefen:

'Macht Platz für den König! Dreht eure Gesichter zur
Wand!'

28

Und da kam der große König, der auf einem wundervollen arabischen Pferd saß und von Soldaten umgeben war; und auch eine Sänfte kam vorbei, die von vier Maultieren auf deren Rücken getragen wurde.

Sie hielten genau gegenüber von Ahmed an. Eine dicht verschleierte junge Prinzessin stieg aus der Sänfte aus, die offensichtlich einige schöne Silberarbeiten aus Maschhad betrachten wollte. Bevor sie den Laden erreicht hatte, gab es einen großen Tumult. Der Löwe hatte sich aus seinen Ketten befreit, sprang wild in der Gegend herum und riss, legte und schleuderte Menschen auf den Boden. Frauen wurden ohnmächtig, Männer flohen, kleine Kinder blieben unbeweglich stehen und weinten mitleiderregend. Verschreckte Pferde schossen wie wild durch die Menge. Überall war Panik und Verwirrung.

Dann sprang der Löwe mit einem Brüllen auf die kleine Prinzessin und warf sie nieder. Bevor er sie in Stücke reißen konnte, war Ahmed nach vorne geeilt. Er hatte sich eine Eisenstange aus dem Laden des Schmieds genommen, deren Ende rot glühend war, und steckte sie wütend in das Gesicht des Löwen. Mit einem Schrei von Schmerz und Wut ließ der Löwe von der Prinzessin ab, und verschwand in den Basaren, wo er großen Schaden anrichtete.

Sobald sich die Prinzessin von ihrem Schrecken erholt hatte, bat sie Ahmed, näherzukommen. Sie entfernte ihren Schleier, sagte ihm, dass er ein mutiger junger Bursche sei, und befahl einem ihrer Diener, ihm eine mit Gold gefüllte Börse zu geben. Ahmed hatte niemals zuvor ein Mädchen gesehen, das so schön war. Er war so im Staunen verloren, dass die Gesellschaft schon weitergezogen war, noch bevor er Worte des Dankes hatte finden können.

Nachdem das Geld aber wieder ausgegeben war, gerieten Ahmed und sein Vater erneut in Not. Als dann ein jüdischer Hausierer ihnen gesagt hatte, wie viel besser der Handel in der Hauptstadt sei, beschlossen sie, in diese Stadt zu gehen, obwohl der Weg dorthin lang und voller Gefahren war. 'Es ist besser, in der Wüste zu sterben, als im Herzen unserer großen Stadt', saget Ahmed.

So begaben sie sich also auf die Reise. Manchmal mussten sie auf gewundenen Pfaden zwischen den Bergen hinaufklettern, ein anderes Mal die Wüste durchqueren; die Füße waren wund, sie waren fast bis zum Tode ermüdet. Meist waren sie hungrig und durstig und wurden von dem Gedanken gequält, dass sie in die Hände von Räubern fallen würden, die diese große Pilgerstraße heimsuchen und die Menschen ausrauben.

Wegen der großen Hitze und den grausamen Räubern, reisten sie nur bei Nacht. Bei jedem Schatten, den der Mond auf den Boden warf, dachten sie, sie würden einen Räuber auf seinem großen Pferd sehen. Während des Tages schliefen sie in Gasthäusern am Wegesrand, und als Gegenleistung für kleinere Dienste, die Ahmed bei den Maultieren verrichtete, gaben sie ihm eine Handvoll Reis oder Brot oder ein paar getrocknete Früchte, die sie vor dem Sterben bewahrten.

So ging es voran, bis zu jener Nacht, als sie nach der Brücke suchten, die den Salzfluss überbrückte. Plötzlich bewölkte sich der Himmel, der Regen kam in Strömen herunter, und bald wurde aus dem Fluss ein reißender Strom. Sie konnten nichts anderes tun, als sitzen zu bleiben und zu warten, bis der Mond aufgehen würde. Der heftige Wind warf sie hin und her, der Regen durchnässte sie; sie hatten ihren Weg verloren und waren wilden Tieren ausgeliefert.

Als sich der Wind ein wenig gelegt hatte, kam ein Stöhnen aus der Dunkelheit. 'Bleib so still wie der Tod, mein Sohn', sagte der Vater zu Ahmed, 'das ist der alte Mann aus der Wüste.'

Ahmed hatte noch nie etwas von dem alten Mann aus der Wüste gehört und kannte deshalb keine Furcht. Er ging, trotz der Warnungen seines Vaters, in die Richtung, aus der das Stöhnen kam. Als er die Stelle erreichte, kam der Mond hinter einer Wolkenkette hervor, und Ahmed sah einen armen Derwisch im Sand liegen. Er trug ein Leopardenfell, das über seine Schulter geschwungen war. An seiner Seite lag ein großer, mit scharfen Nägeln versehener Stock und ein Behälter aus der äußeren Schale einer Kürbisfrucht, in dem er Almosen sammelte.

'Um des Propheten Willen', stöhnte er, als er Ahmed sah, 'gib mir etwas Wasser zu trinken.' Und Ahmed, der seinen Krug am Fluss füllte, gab ihm zu trinken, obwohl das Wasser ziemlich salzig war.

Das brachte wieder Leben in den Derwisch, und er sagte: 'Ich bin Ali, der Derwisch, man kennt mich in ganz Persien. Vor zwei Monaten habe ich Mazandaran verlassen, um nach Maschhad zu gehen. Gestern hat mich aber das Fieber gepackt. Das ist nun der dritte Anfall, und, wie man weiß, ist dieser immer tödlich.'

'Bleib bei mir, mein Sohn, in dieser dunklen Stunde, wenn ich durch das Tal des Todesschattens gehe. Und wenn meine Seele die Brücke des Todes überquert hat, nimm diesen kleinen Lederbeutel, der an meinem Hals hängt. Darin wirst du eine kleine, aus Kristall gemachte Schale finden. Diese wird dir große Macht und Reichtum bescheren, wenn du sie richtig benutzt.'

'Gib jeden Morgen, wenn du aufstehst, einen Tropfen reines Wasser in die Schale und schau genau hinein. Sollte irgendeine Gefahr dich oder dir nahe stehende Menschen bedrohen, wird sie das anzeigen. Und wenn –' aber hier verließen ihn seine Kräfte, sein Kopf fiel nach hinten, und er verstarb. Ahmed fand den Beutel und die wundervoll geschliffene Kristallschale, genau wie es der Derwisch gesagt hatte. Er kehrte zu seinem Vater zurück, und erzählte ihm, was passiert war.

An mehreren Morgen machte Ahmed das, was ihm der Derwisch gesagt hatte. Da er aber in der Schale nichts entdecken konnte, machte er das bald nicht mehr weiter.

Es kam dann ein Tag, an dem sie von einem grauenhaften Sandsturm überfallen wurden. Über die weiten Sanddünen hinweg tobte der Wind. Der Himmel und die Sonne waren verdeckt, die Luft war mit Sand beladen, und kleine Steinchen, die der Wind mit sich trug, verletzten sie, bis sie vor Schmerzen schrien. Es gab nirgendwo Schutz. Vor Angst und Schmerz rannten sie umher, und als der Sturm, nach mehreren Stunden des Elends, vorübergezogen war, konnten sie sich nicht mehr sehen. Sie waren in der grausamen Wüste verloren, ohne Essen, und – noch schlimmer – ohne Wasser.

Vor Verzweiflung weinend, kämpfte sich Ahmed voran. Er ging wie in einem Traum. Immer wieder fiel er über Steine und Büsche, aber der drängte vorwärts.

Dann kam der Moment, wo er nicht weitergehen konnte, und er legte sich nieder, um zu sterben.

Er schlief für eine ganze Weile, bis er durch ein Schütteln wachgerüttelt wurde. Als er aufsah, erblickte er einen alten Mann, der lächelte und sagte: 'Nun, das ist doch der kleine Ahmed, der Sohn von Abdullah, dem Seifenverkäufer. Erkennst du mich nicht, Ahmed? Ich bin dein Onkel. Weine nicht, dass du deinen Weg verloren hast. Komm, nimm meine Hand, und wir werden deinen Vater bald finden.'

Nun wunderte sich Ahmed, denn er hatte es niemals erlebt, dass sein Vater über einen Onkel gesprochen hatte, aber er nahm trotzdem die Hand des alten Mannes, und zusammen machten sie sich auf den Weg. Meile um Meile gingen sie weiter, aber sie fanden keine Spur von seinem Vater. Dann setzte er sich nieder, weinte und sagte: 'Ich bin so müde, ich kann nicht weitergehen.' Und der alte Mann sagte: 'Schlafe mein Sohn, während ich Wache halte.'

Gerade als Ahmed seine Augen schließen wollte, drehte sich der alte Mann herum, und Ahmed sah, dass er Beine hatte, so dünn wie die der Schafe. 'Der Ghul! Der Ghul!', schrie er, und wurde ohnmächtig. Dann begann dieses bösartige Monster der Wüste Ahmeds Mantel zu öffnen, um sein Blut aufzusaugen.

Aber ein weiterer Schrei antwortete auf den des Jungen. Es erschien eine wunderschöne junge Frau, die in ihrer Hand eine Halskette aus goldenen und silbernen Perlen trug.

Der alte Mann warf nur einen flüchtigen Blick auf die Perlen und rannte weg, schneller als die wilden Bergschafe, denn der Anblick von Metall nahm ihm die Macht, Böses zu tun.

37

Natürlich war das die Prinzessin, deren Leben Ahmed einst in Maschhad gerettet hatte. Der König, ihr Vater, kam gerade von einer Pilgerreise zurück, und zum Schrecken ihrer Diener hatte sie beim Herumtollen ihren Weg verloren und so Ahmed gefunden.

Gemäß ihrem Wunsch wurde Ahmed ein Gefolgsmann des Königs, und zusammen mit seinem Vater, den sie am nächsten Tag fanden, reisten sie in die Hauptstadt.

Etwa drei Tagesmärsche von der Hauptstadt entfernt, in den Bergen nahe der Stadt Qazvin, lebte der alte Mann der Berge, oder der König der Meuchelmörder, wie man ihn allgemein kennt, mit seinen Gefolgsleuten. Seine Macht war so groß, dass er nur ein Wort sagen musste, und jeder seiner Männer würde sich von den höchsten Klippen in die Täler darunter stürzen, um in Stücke zerteilt zu werden. Auf seinen Wunsch hin würden sie in die entlegensten Teile der Welt gehen, um jede Person zu töten, egal wie mächtig sie sein möge.

Als er hörte, dass der König von Persien eine Armee zusammengestellt hatte, um sowohl ihn als auch seinen Stamm zu zerstören, wurde er sehr ärgerlich und sagte zu einem seiner Gefolgsleute: 'Zieh los und schaffe mir den König von Persien vom Hals!' Der Mann nahm Brot und Wasser und einen scharfen Dolch mit sich, und ging.

Nach er dem alten Mann in der Wüste so knapp entrinnen konnte, machte sich Ahmed jeden Tag wieder die Mühe einen Tropfen Wasser in die Kristallschale zu geben und hineinzuschauen.

Nichts zeigte sich, bis er eines Morgens in dem Wassertropfen das Gesicht des schlafenden Königs sah. Bei ihm stand ein Räuber mit einem erhobenen Dolch, gerade dabei, zuzustechen. Er rannte zum König und warnte ihn vor der Gefahr. Der König aber lachte nur, denn er vertraute seinen Wächtern.

Trotzdem beschloss Ahmed, Wache zu halten. Die Dunkelheit war hereingebrochen und die Wachen schliefen. Im Palast herrschte Stille. Die Stunden vergingen, und Ahmed, müde von dem langen Warten, wollte sich gerade zurückziehen, als er einen dunklen Schatten bemerkte, der sich in den Teil des Palastes schlich, in dem der König schlief.

Die Gestalt ging geräuschlos voran bis direkt an die Türschwelle des Zimmers des Königs.

Ahmed sprang auf ihn, und zur gleichen Zeit gab er Alarm. Alle waren sofort in Aufruhr und der Attentäter wurde festgenommen.

Als sein Handlanger nicht zurückkam, sandte der alte Mann der Berge, der König der Meuchelmörder, einen zweiten, dann einen dritten, und schließlich den wagemutigsten und geschicktesten seiner Gefolgsleute.

Aber dank Ahmeds Kristallschale schlugen alle Anschläge auf den König fehl.

Dann rief der König Ahmed zu sich, und sagte: 'Wünsch dir irgendetwas, das ich geben kann, und es soll deins sein. Obwohl er am ganzen Leib zitterte, antwortete Ahmed: 'Dein Sklave wünscht sich nichts, weder Wohlstand noch Macht, ausgenommen die Hand Eurer Tochter.'

'Wenn sie dich liebt, soll es so sein', antwortete der König.

Und sie liebte ihn, und sie heirateten, und Ahmed wurde der Premierminister des Königs.

DER SCHATZ DES KÖNIGS

Eine genaue Beschreibung wie Abdul Karim in beachtlicher Weise materiell und politisch vorankam, und welchen Anteil ein König daran hatte, der seine würdigen Untertanen sofort belohnt.

Ein Arbeiter namens Abdul Karim und seine Frau Zeeba – 'die Schöne' – lebten in einem geschützten Tal, das von Hügeln umgeben war. Dort gab es feine Gärten, in denen Pfirsiche, Trauben, Maulbeeren und andere köstliche Früchte in großer Anzahl wuchsen.

Obwohl seine Frau den Namen Zeeba trug, war sie von eher schlichter Erscheinung. Da sie aber Zeeba genannt wurde, dachte sie wirklich, dass sie schön war, und deshalb gab sie ihren beiden Kindern Namen, die von ihrer Eitelkeit beeinflusst waren.

Sie nannte den Jungen Yusuf, oder Josef, der, wie wir wissen, von seinen Brüdern nach Ägypten verkauft wurde und dort der höchste Diener des Königs wurde. Das Mädchen nannte sie Fatima, nach Fatima, der Lieblingstochter von Mohammed und Frau des berühmten Ali.

Abdul Karim war aber nur ein Landarbeiter, der kein Gehalt bekam, sondern nur Getreide und Kleidung, die ausreichend für seine Bedürfnisse und die seiner Familie waren. Er kannte kein Geld, ausgenommen den Namen.

Eines Tages war sein Meister so zufrieden mit seiner Arbeit, dass er ihm tatsächlich zehn 'Kran' gab, ein Wert von nur ein paar Dollar unserer heutigen Währung.

Für Abdul Karim schien dies aber ein großer Reichtum zu sein, und direkt nachdem seine Tagesarbeit getan war, rannte er nach Hause zu seiner Frau und sagte: 'Schau, Zeeba, hier ist ein Schatz für dich!', und er breitete das Geld vor ihr aus. Seine gute Frau war beglückt, und so ging es auch den Kindern.

Dann sagte Abdul Karim: 'Wie sollen wir diese große Summe ausgeben? Mein Herr hat mir auch einige Tage frei gegeben. Wenn du nichts dagegen hast, werde ich in die große Stadt Maschhad gehen, die nur zehn Meilen von hier weg ist, und nachdem ich zwei Kran auf den Schrein des heiligen Imam gelegt habe, werde ich die Basare besuchen, und alles kaufen, was du und die Kinder sich wünschen.'

'Du solltest mir ein Stück Seidenstoff für ein neues Kleid kaufen', sagte Zeeba.

45

'Ich möchte ein schönes Pferd und ein Schwert, sagte der kleine Yusuf.

'Ich möchte ein indisches Taschentuch und ein paar goldene Hausschuhe', sagte Fatima.

'Morgen Abend wird das alles hier sein', sagte der Vater, nahm einen großen Stock und machte sich auf die Reise.

Als er von den Bergen hinunter auf die Ebene gekommen war, sah Abdul Karim, wie sich die glorreiche Stadt vor ihm ausbreitete. Er kam aus dem Staunen nicht mehr heraus, bei dem Anblick der prächtigen Kuppeln, deren Dächer vom Gold glitzerten, und den Minaretten, von deren Spitze die Priester die Leute zum Gebet riefen.

Als er zum Tor des Heiligtums kam, fragte er einen alten Priester, ob er eintreten dürfe. 'Ja mein Sohn', war die Antwort. 'Geh rein und gebe, was du entbehren kannst, an die Moschee, und Allah wird dich dafür belohnen.'

So ging Abdul Karim durch den großen Hof inmitten von Gläubigen aus jeder Stadt in Asien. Mit vor Staunen offenem Mund starrte er auf den Reichtum der Tempel, die Juwelen, die lieblichen Teppiche, die Seide, die goldenen Ornamente, und mit Bescheidenheit legte er seine zwei Geldstücke auf die heilige Grabstätte.

Dann lief er durch den Lärm und das Gewimmel in den überfüllten Straßen, bis er die Basare gefunden hatte.

Jedes Gewerbe hatte seinen eigenen Bereich im Basar. An einem Ort fand er die Obstverkäufer, an einem anderen diejenigen, die Töpfe und Pfannen verkauften. Dann kamen die Juweliere, die Bäcker, die Fleischer usw., bis er den Teil erreichte, wo man Seide verkaufte.

Hier betrat er einen der Läden und verlangte danach, etwas von der Seide zu sehen. Nach langem Aussuchen wählte er einen hervorragenden Seidenstoff mit einem bestickten Rand und von einer erlesenen Machart.

'Ich werde nur zweihundert Kran dafür verlangen, da sie ein neuer Kunde sind', sagte der Ladeninhaber. 'Jeder andere müsste dreihundert oder vierhundert dafür zahlen.'

'Zweihundert Kran', wiederholte Abdul Karim, voller Erstaunen. 'Sie müssen einen Fehler gemacht haben. Meinen Sie Kran wie diese?', und er zog einen aus seiner Tasche.

'Genauso ist es', gab der Ladeninhaber zur Antwort, 'und lassen Sie mich Ihnen noch sagen, dass das sehr billig ist, bei diesem Preis.'

Abdul Karim stellte sich die Enttäuschung seiner Frau vor. 'Arme Zeeba', seufzte er.

'Arme wer?', sagte der Seidenhändler.

'Meine Frau', sagte Abdul Karim.

'Was hat das mit ihrer Frau zu tun?', fragte der Händler, der ärgerlich wurde, da er sah, dass seine Mühen vergebens waren.

'Ich werde Ihnen alles erzählen', sagte Abdul Karim.

'Weil ich meine Arbeit so gut gemacht habe, hat mir mein Meister zehn Kran gegeben. Das war das erste Mal, dass ich überhaupt Geld hatte. Nachdem ich zwei Kran bei der Grabstätte gelassen habe, hatte ich die Absicht, ein Stück Seidenstoff für meine Frau zu kaufen, dazu noch ein Pferd und ein Schwert für meinen kleinen Jungen Yusuf, und ein indisches Taschentuch und ein paar goldene Hausschuhe für mein kleines Mädchen Fatima. Und nun wollen Sie von mir zweihundert Kran für ein Stück Seide haben. Wie kann ich Sie bezahlen und noch die anderen Dinge kaufen?'

'Ich habe hier meine Zeit verschwendet und meine wundervollen Seidenstoff für einen Narren wie dich zerknittert', schrie der Händler. 'Verschwinde aus meinem Laden! Geh nach Hause zu deiner dummen Zeeba und deinen dummen Kindern. Kauf ihnen vertrockneten Kuchen und etwas schwarzen Zucker und steck deinen Kopf nicht mehr in mein Geschäft herein oder es wird schlimmer für dich ausgehen.'

Dann zog er seinen Latschen aus, und mit vielen Schlägen jagte er den armen Abdul Karim raus auf die Straße.

Dann ging Abdul Karim zum Pferdemarkt, nur um dort herauszufinden, dass das billigste Pferd mindestens zweihundertfünfzig Kran kosten würde.

Der Pferdehändler verspottete ihn, als er herausfand, dass er nur acht Kran hatte. Er schlug ihm vor, einen sechzehnten Teil von einem Esel für seinen kleinen Sohn zu kaufen. Was das Schwert anbelangte, musste er feststellen, dass es mindestens dreissig Kran kosten würde. Ein paar goldene Hausschuhe würden nicht unter vielen hundert Kran zu haben sein, und für das indische Taschentuch war der Preis zwölf Kran.

Als der arme Abdul Karim sich wieder auf den Weg nach Hause gemacht hatte, traf er auf einen Bettler, der rief: 'Lieber Freund, gib mir etwas, denn morgen ist der Tag für unser Freitagsgebet. 'Derjenige, der den Armen gibt, gibt es dem Herrn, und ganz gewiss wir der ihm das hundertfach zurückzahlen.'

'Von all den Männern, die ich heute getroffen habe, bist du der Einzige, mit dem ich ein Geschäft machen kann', sagte der einfältige Abdul Karim. Hier sind acht Kran. Gebrauche sie im Dienste von Gott, und vergiss nicht, mir das hundertfach zurückzuzahlen.'

Der gerissenen Bettler steckte die acht Kran sorgfältig ein und versprach, diese eines Tages hundertfach zurückzuzahlen.

Schließlich kam Abdul Karim in Sichtweite seiner Hütte, und der kleine Yusuf, der den ganzen Tag nach ihm Ausschau gehalten hatte, kam außer Atem zu ihm hin gerannt, um ihn zu treffen.

'Wo ist mein Pferd und mein Schwert, Vater?, rief er.

Und Fatima, die gerade dazugekommen war, rief aus, 'und mein Taschentuch und die goldenen Hausschuhe?'

Und Zeeba fragte nach ihrem Stück Seidenstoff.

Der arme Abdul Karim schaute so verwirrt drein, dass seine Frau sagte: 'Seit ruhig, meine Lieben! Euer Vater konnte das nicht alles mit sich bringen. Er hat es auf Yusufs Pferd gepackt und es einem Diener übergeben, der bald hier sein wird.'

Als sie aber seine Geschichte hörte, und auch noch, dass er acht Kran an den Bettler gegeben hatte, wurde sie sehr wütend, marschierte davon und erzählte es seinem Meister.

Der Meister war noch mehr verärgert, und sagte: 'Was! Der Dummkopf hat acht Kran an den Bettler gegeben? Schick ihn zu mir!'

Und als Abdul Karim vor ihm stand, sagte er verächtlich: 'Du musst dich für einen großen Mann halten, Abdul. Ich gebe niemals mehr als eine Kupfermünze an einen Bettler, aber eure Exzellenz gibt ihm Silber. Der Bettler hat versprochen, dass man dir das hundertfach zurückzahlt, hat er das? Und es soll so sein, gleich jetzt.'

Als sich das Gesicht von Abdul aufhellte, lachte er nur und sagte: 'Nicht in Geld, sondern in Striemen.' Und seine Diener warfen ihn zu Boden und gaben ihm hundert Hiebe auf die nackten Füße.

Am nächsten Tag ließ Abduls Meister wieder nach ihm rufen. Nachdem er ihn einen Narr genannt hatte, sagte er: 'Ich habe eine schöne kleine Arbeit, die dich wieder zu Verstand bringen wird. Geh raus aufs Feld, und grabe nach Wasser, Tag für Tag, bis du welches findest.'

So arbeitete Abdul für viele Tage unter der brütenden Sonne, bis er auf eine Tiefe von ungefähr dreißig Fuß gegraben hatte. Dort stieß er auf einen bronzenen Topf, fein gehämmert, voll von runden, weißen Steinen, die seine Augen im glühenden Sonnenlicht ziemlich blendeten. Er nahm einen davon in den Mund und versuchte ihn mit seinen Zähnen zu zerbrechen, konnte es aber nicht.

Dann sagte er zu sich, 'der Meister hat einigen Reis angepflanzt, und der hat sich in Steine verwandelt. Vielleicht gibt es noch mehr davon.'

Nachdem er noch einige Fuß tiefer gegraben hatte, fand er einen weiteren Topf, der mit funkelnden Steinen verschiedener Farben gefüllt war.

Und dann erinnerte er sich, dass er schöne Glassteine wie diese gesehen hatte, die in Maschhad verkauft wurden. Er beschloss, die Stadt bei erster Gelegenheit erneut zu besuchen und die Steine mitzunehmen. In der Zwischenzeit würde er sie verstecken und nichts sagen.

Abdul musste nicht lange auf einen freien Tag warten, da er, ein wenig weiter unten, Wasser fand. Sein Meister war so zufrieden, dass er ihm eine wohlverdiente Pause gönnte.

Dann machte sich Abdul auf nach Maschhad. Bevor er aber in die Stadt hineinging, versteckte er das meiste von dem Schatz am Fuß eins Baums unter einem großen Stein. Dann, immer noch die Taschen voll davon, ging er geradewegs zu dem Laden, wo er solche Steine gesehen hatte, und sprach mit dem Ladeninhaber, der am Eingang seines Geschäfts saß und seine Wasserpfeife rauchte.

'Wollen Sie noch mehr dieser Steine kaufen, wie diese?', fragt er, und zeigte auf einige, die auf einem Bronzetablett im Laden lagen.

'Ja, hast du einen?', antwortete der Händler, denn Abdul sah nicht wie ein Mann aus, der mehr als einen einzigen haben würde, wenn überhaupt.

'Ich habe die Tasche voll davon', sagte Abdul.

'Du hast wohl eine Tasche voll mit Kieselsteinen', sagte der Juwelier. Aber als Abdul eine Handvoll davon

57

herausholte und sie ihm zeigte, war er so erstaunt, dass er kaum sprechen konnte. Am ganzen Körper zitternd, bat er Abdul einen kurzen Moment zu warten. Er übergab den Laden, den er eilig verließ, an seinen Lehrling. Als er zurückkam, war der Chef der Polizei bei ihm.

'Ich bin unschuldig', rief der Juwelier. 'Da ist der Mann. Seine Taschen sind gefüllt mit Diamanten, Rubinen, Smaragden und Perlen von großem Wert. Ohne Zweifel hat er den Schatz des Cyrus gefunden.'

Abdul wurde durchsucht und man fand die wertvollen Steine bei ihm. Als sie Zeeba und die Kinder herbeigeschafft hatten, wurde die ganze Familie unter Bewachung von fünfhundert Soldaten in die Hauptstadt gebracht.

Während sich all diese Dinge zugetragen hatten, sah der König in seinen Träumen, drei Nächte lang – in einer nach der anderen – den Heiligen Propheten, der ihn fest anschaute und ausrief: 'Abbas, beschütze und belohne meinen Freund.'

Und an der dritten Nacht nahm der König seinen Mut zusammen und sagte zum Propheten: 'Und wer ist dein Freund? Und der antwortete:

'Er ist ein armer Arbeiter, Abdul Karim ist sein Name, der ein Fünftel seiner Habseligkeiten dem Grabmal in Maschhad gegeben hatte, und nun, weil er den Königsschatz gefunden hat, haben sie ihn gefesselt und bringen ihn in diese Stadt, um ihn zu bestrafen.'

So ging der König auf eine zwei Tage dauernde Reise, um Abdul zu treffen. Zuerst kamen ihm einhundert Reiter entgegen, dann der arme Abdul, der auf einem Kamel saß, mit festen Fesseln an seinen Armen. Hinter dem Kamel liefen die weinenden Kinder und ihre Mutter. Dann kamen die Fußsoldaten, die den Schatz bewachten. Der König befahl, das Kamel niederknien zu lassen, und mit seinen eigenen Händen löste er die grausamen Fesseln.

Dann kniete Abdul von dem König nieder, die Tränen rannten ihm sein Gesicht herunter, und er bat um Gnade für seine Liebsten, indem er sagte: 'Wenn Ihr mich umbringt, lasst wenigstens diese Unschuldigen gehen!'

Der König half Abdul vom Boden hoch und sagte dann: 'Ich bin gekommen, dich zu ehren, nicht um dich umzubringen. Wenn du dich ausgeruht hast, kannst du in deine eigene Provinz zurückkehren, nicht als ein Gefangener, aber als der Gouverneur.' Und lächelnd fügte er hinzu: 'Das Seidenkleid wurde schon für Zeeba zurechtgelegt, und auch das Pferd und das Schwert für Yusuf, und das indische Taschentuch und die goldenen Hausschuhe für Fatima wurden nicht vergessen.'

Der König wusste von all diesen Wünschen aus dem Bericht des Polizeichefs.

Und so kam es, dass Abduls Frömmigkeit und sein Geschenk am Grabmal zurückgekommen sind, nicht hundertfach, sondern weit über seine kühnsten Träume hinaus, und das Grabmal und die Armen bekamen auch viel davon ab.

DER KÖNIG UND DER FISCHER

 Hier wird der Vorteil aufgezeigt, in der Lage zu sein, eine vernünftige Antwort auf eine ungelegen kommende Frage zu geben, besonders wenn daraus ein materieller Reichtum entstehen kann.

Die Länder, die von den großen Flüssen Tigris und Euphrat bewässert werden, wurden einst von einem gewissen König regiert, der besonders gerne Fisch mochte.

Eines Tages saß er mit seiner Frau Sherem zusammen in den königlichen Gärten, die sich von den Ufern des Tigris bis zu der Stelle ausdehnten, wo sich eine wundervolle Ansammlung von Booten befand. Er schaute hoch und erspähte ein Boot, das vorbeiglitt und in dem ein Fischer saß, der einen großen Fisch gefangen hatte.

Da er wusste, dass ihn der König genau beobachtete und auch diese besondere Art von Fisch liebte, brachte der Fischer sein Boot geschickt ans Ufer und erwies ihm seine Ehrerbietung. Er trat vor den König und bat ihn, den Fisch als Geschenk anzunehmen. Der König war darüber sehr erfreut und ordnete an, dass dem Fischer eine große Menge Geld übergeben werden sollte.

Aber kurz nachdem der Fischer die königliche Gegenwart wieder verlassen hatte, drehte sich die Königin zum König hin und sagte: 'Du hast etwas Dummes getan.'

Der König war überrascht, sie in dieser Weise sprechen zu hören, und fragte sich, was sie wohl meinte.

Die Königin antwortete: 'Die Nachricht von deiner reichlichen Belohnung für so ein kleines Geschenk wird sich in der Stadt verbreiten und als 'das Geschenk für den Fischer' bekannt werden. Jeder Fischer, der einen großen Fisch fängt, wird ihn zum Palast bringen, und sollte er nicht in dieser Weise bezahlt werden, wird er unzufrieden von dannen ziehen und insgeheim schlecht über dich bei seinen Kameraden sprechen.'

'Du sprichst die Wahrheit, du Licht meiner Augen', sagte der König, 'aber siehst du nicht, wie erbärmlich es für einen König wäre, wenn er aus diesem Grund das Geschenk zurücknehmen würde?'

Da er annahm, dass die Königin weiterhin über die Angelegenheit diskutieren wollte, ging er ärgerlich weg und sagte:

'Die Sache ist erledigt.'

Jedoch, später am Tag, als er wieder in einer freundlicheren Stimmung war, sprach ihn die Königin erneut an und sagte ihm, wenn das der einzige Grund sei, sein Geschenk nicht zurückzunehmen, würde sie das für ihn erledigen.

'Du musst den Fischer herrufen', sagte sie, 'und dann fragst du ihn, 'ist der Fisch männlich oder weiblich?'

'Wenn er männlich sagt, dann erklärst du ihm, dass du einen weiblichen Fisch wolltest, wenn er aber weiblich sagt, antwortest du ihm, dass du einen männlichen Fisch wolltest. Auf diese Weise wird die Sache ordentlich geregelt.'

Der König dachte, dass dies ein einfacher Weg wäre, aus den Schwierigkeiten herauszukommen, und befahl, den Fischer zu ihm zu bringen.

Als der Fischer, der, nebenbei bemerkt, ein höchst intelligenter Mann war, vor dem König stand, sagte dieser zu ihm: 'Oh, du Fischer, sag mir, ist der Fisch männlich oder weiblich?'

Der Fischer antwortete: 'Der Fisch ist weder männlich noch weiblich.'

Daraufhin lächelte der König über diese kluge Antwort, und zum Verdruss der Königin wies er den Schatzmeister des königlichen Vermögens an, dem Fischer eine weitere Geldsumme zu geben.

Der Fischer steckte das Geld in seinen Lederbeutel, dankte dem König, schwang den Beutel über die Schulter, und eilte davon, aber nicht schnell genug, um nicht zu bemerken, dass er eine kleine Münze hatte fallen lassen.

Er stellte den Beutel auf den Boden, kniete nieder, und hob die Münze auf. Dann ging er wieder seines Weges, wobei der König und die Königin jede seiner Bewegungen sorgfältig beobachteten.

'Schau! Was für ein Geizhals er doch ist', sagte Sherem triumphierend. 'Er hat doch wirklich seinen Beutel abgestellt, um eine kleine Münze aufzuheben, denn es hat ihn wohl bekümmert, dass sie in die Hände von einem der Diener des Königs gelangen könnte, oder einer armen Person, die es brauchen könnte, um Brot zu kaufen und für ein langes Leben des Königs zu beten.'

'Und wieder sprichst du die Wahrheit', antwortete der König, der die Richtigkeit dieser Bemerkung erkannte.

Noch einmal wurde der Fischer vor den König geholt.

'Bist du ein menschliches Wesen oder ein Tier?', fragte ihn der König. Obwohl ich es dir ermöglicht habe, ohne Mühen reich zu werden, hat es der Geizhals in dir nicht möglich gemacht, auch nur ein wenig von dem Geld für andere zu lassen.'

Dann schickte ihn der König fort und trug ihm auf, sein Gesicht nie mehr in der Stadt zu zeigen.

Daraufhin fiel der Fischer auf seine Knie und weinte:

'Hört mich, oh König, Beschützer der Armen! Möge Gott dem König ein langes Leben bescheren. Nicht für ihren Wert hat euer Diener die Münze aufgehoben, sondern weil sie auf einer Seite die Inschrift mit dem Namen von Gott trug und auf der anderen ein Ebenbild des Königs. Euer Diener hat befürchtet, dass sie irgendjemand, der sie nicht sieht, in den Staub tritt, und das würde sowohl den Namen von Gott entweihen und auch das Gesicht des Königs. Der König soll entscheiden, ob ich durch mein Tun einen Tadel verdient habe.'

Diese Antwort gefiel dem König über alle Maßen, und er gab dem Fischer erneut eine große Summe Geld. Auch der Zorn der Königin war verflogen, und sie schaute gütig auf den Fischer, als er mit seinem Beutel davonging, der mit Geld gefüllt war.

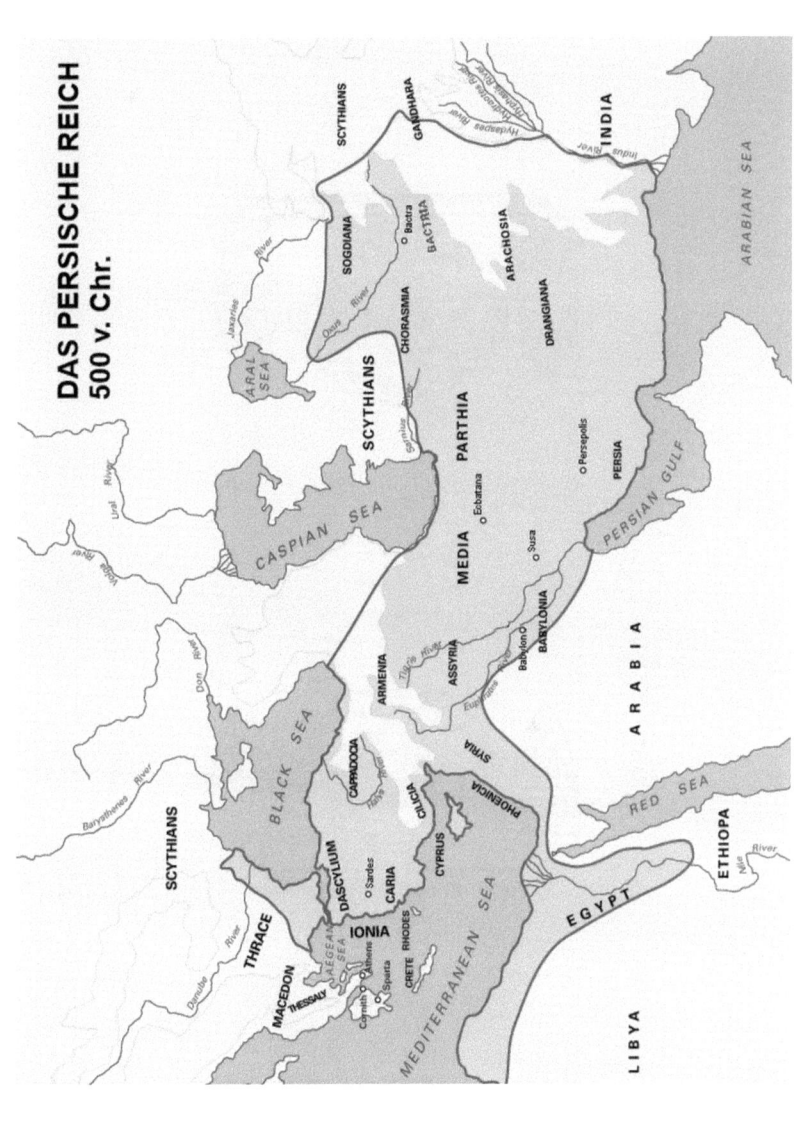

DAS PERSISCHE REICH
500 v. Chr.